James Allen

Das Herz denkt mit

○ Wie wir denken ○

James Allen

Das Herz denkt mit

&

Charles B. Patterson

Die Wahrheit, die frei macht

○ Wie wir denken ○

James Allen: Das Herz denkt mit
Titel der Originalausgabe: Out From the Heart
Erstausgabe in englischer Sprache: 1904
ergänzt durch
Charles B. Patterson: Die Wahrheit, die frei macht
Titel der Originalausgabe: The Truth that makes free
(aus: Dominion and Power – The science of life and living)
Erstausgabe in englischer Sprache: 1901

Aus dem Englischen: Günter W. Kienitz
1. Auflage: Mai 2020
© 2020 by Günter W. Kienitz
Internet: wiewirdenken.net

Bibliografische Information der Deutschen Nationalbibliothek: Die Deutsche Nationalbibliothek verzeichnet diese Publikation in der Deutschen Nationalbibliografie; detaillierte bibliografische Daten sind im Internet über http://dnb.dnb.de abrufbar.

Umschlaggestaltung: Bettina Kienitz
Titelfoto: Shutterstock.com/Elena Schweitzer

Herstellung und Verlag: BoD – Books on Demand, Norderstedt

ISBN: 978-3-7519-3098-7

Inhalt

ÜBER DIESES BUCH

Pflanzt man ein Samenkorn in fruchtbare Erde, beginnt es, einem inneren Drang folgend, zu wachsen und zu dem zu werden, was in ihm angelegt ist: ein unscheinbares Blümchen am Straßenrand, eine Maisstaude, ein Holunderbusch oder ein gigantischer Mammutbaum.

Menschen haben einen ähnlichen inneren Drang, zu wachsen und zu werden. Was hat dich dazu gebracht, das erste Mal den Kopf zu heben, das erste Wort zu plappern, aufzustehen und nach vielen vergeblichen Versuchen die ersten Schritte zu gehen?

Wir haben das, aus einem inneren Antrieb heraus, uns zu entwickeln, alle getan. Erstaunlich, wie viel Energie und visionäre Kraft in Kindern steckt! Und wie rasch verschwindet die Vorstellung *Alles ist möglich!*, die unsere Kindheit bestimmt, sobald die äußere Welt übernimmt und unser Leben mehr und mehr bestimmt, während unser innerer Drang leiser und leiser wird und schließlich verstummt.

Früher oder später im Leben stellt man sich die Frage: Muss ich das, was ich jetzt bin, für den Rest meines Lebens bleiben? Oder gibt es einen Weg, mich und meine Lebensumstände zu verbessern? Die Antwort lautet „nein" auf die erste und „ja, selbstverständlich" auf die zweite Frage.

Und besser noch: Dich zu bemühen, dich selbst zu optimieren, ist das Nobelste, was du tun kannst. Denn damit verbesserst du nicht nur dein eigenes, sondern auch das Leben Anderer, und damit die Welt als Ganzes.

Viele Leserinnen und Leser betrachten *Das Herz denkt mit (Out from the Heart)* als die Fortsetzung von James Allens berühmtestem Buch *Wie wir denken, so leben wir (As a Man Thinketh)*, das 1902 erstmals veröffentlicht wurde. Die grundlegende Botschaft beider Bücher lautet: Deine Gedanken gestalten dein Leben – im Inneren wie im Äußeren. Du bist der Schöpfer deines Lebens; du schaffst deine Welt aus deinem Herzen heraus. So viele Menschen verfehlen ihr Ziel, indem sie versuchen, etwas in der äußeren Welt zu verbessern, weil ihnen nicht bewusst ist, dass die Lösung jedes Problems im eigenen Inneren zu finden ist.

Das Herz denkt mit liefert einen mehr praxisorientierten Zugang zu James Allens Philosophie; es ist sozusagen die How-to-Version. Er begleitet dich bei den ersten Schritten auf deinem Weg, Meister deiner Gedanken und damit deines Lebens und deiner Erfahrungen zu werden. Wenn du *Wie wir denken, so leben wir* gelesen hast und nützlich fandest, wirst du von diesem Nachfolgeband sicher ebenfalls profitieren.

Falls dir der Text ein bisschen verstaubt vorkommt, vergiss nicht: er ist über hundert Jahre alt. Wenn du aber bereit bist, die Spinnweben, die sich im Lauf der Zeit angesammelt haben, wohlwollend beiseite zu schieben, wirst du seinen inspirierenden Kern entdecken.

Der schmale Band ist rasch gelesen. Den Inhalt allerdings in das tägliche Leben zu übertragen und entsprechende Gewohnheiten zu entwickeln, nimmt natürlich erheblich mehr Zeit in Anspruch. Sei also geduldig. Die Mühe lohnt sich. Nimm jeden Fortschritt zur Kenntnis und schätze ihn, so klein er auch sein mag. Behalte dein Ziel fest im Auge und sei dir gewiss, dass du es erreichen wirst. Es gibt niemanden, der dich aufhalten könnte – außer du selbst.

Du stehst am Anfang einer Reise zu dir selbst. Übernimm die Kontrolle über dein Denken und beobachte staunend, wie sich die Welt vor deinen Augen verwandelt.

> Gestern war ich klug,
> und wollte die Welt verändern.
> Heute bin ich weise
> und verändere mich selbst.
>
> Rūmī[1]

PS: Für James Allen war *Wahrheit* ein zentraler Begriff, dessen damalige Bedeutung sich uns heute nicht ohne weiteres erschließt. Deshalb habe ich im Anhang ein Kapitel aus dem Buch *Dominion and Power* (deutsch: *Vorherrschaft und Macht*) von Charles B. Patterson[2] eingefügt, dessen Werke James Allen seinen Lesern zur Lektüre empfahl, und das Einblicke in Sichtweisen seiner Zeit und die Kultur vermittelt, die ihn prägte.

VORWORT

Konfuzius sagte einst: „Sich selbst zu vervollkommnen, ist die Grundlage allen Fortschritts und jegli-
cher moralischer Entwicklung" - eine Maxime, die so
tiefgreifend und umfassend, wie einfach, praktisch und
allgemein ist. Denn es gibt keinen sichereren Weg zu Erkenntnis und keine bessere Methode, der Welt zu helfen, als sich selbst zu vervollkommnen. Und es ist weder
ein nobleres Werk noch eine höhere Lehre denkbar, als
die der Selbstvervollkommnung.

Wer sich fest vorgenommen hat, tadellos zu denken und
zu handeln, wer nach einem reinen Herzen strebt, wer
sich bemüht, einen ruhigen, weisen und achtsamen
Geist zu entwickeln, hat sich die großartigste Aufgabe
vorgesetzt, mit der sich ein Mensch befassen kann, und
sein Fortschritt und Erfolg offenbaren sich in einem zunehmend wohl geordneten, gesegneten und harmoni-
schen Leben.

> Mach das Beste aus dir selbst,
> denn du bist alles, was du hast.
>
> Ralph Waldo Emerson[3]

1. Das Herz und das Leben

Wie das Herz, so ist das Leben. Die innere Welt wird fließend zur äußeren. Nichts kann sich der Entdeckung entziehen. Was verborgen ist, bleibt es nur eine Zeit lang; es reift und kommt schließlich ans Licht. Samenkorn, Baum, Blüte und Frucht repräsentieren die vierfältige Ordnung des Universums. Aus dem Zustand des Herzens eines Menschen gehen die Umstände seines Lebens hervor. Seine Gedanken blühen und werden zu Handlungen, und die Früchte seiner Handlungen sind sein Charakter und sein Schicksal.

Das Leben entfaltet sich stets aus dem Inneren heraus und offenbart sich selbst im Licht, und Gedanken, die aus dem Herzen kommen, manifestieren sich als Worte, Handlungen und Errungenschaften.

Wie der Brunnen einer verborgenen Quelle entspringt, so fließt das Leben des Menschen aus den geheimen Winkeln seines Herzens hervor. Alles was er ist und tut, ist hier entstanden. Und alles was er sein und tun wird, hat seinen Ursprung hier.

Sorge und Glück, Leid und Freude, Angst und Hoffnung, Hass und Liebe, Unwissenheit und Erkenntnis existieren nur im Herzen. Sie sind lediglich geistige Zustände.

Der Mensch ist der Hüter seines Herzens, der Verantwortliche für seinen Geist, der einsame Wächter seiner Zitadelle des Lebens. Als solcher kann er gewissenhaft oder nachlässig handeln. Er kann mehr und mehr auf sein Herz achten. Er kann seinen Geist mit mehr Eifer beobachten und läutern. Und er kann sich dagegen wappnen, unredliche Gedanken zu hegen – das ist der Weg der Erleuchtung und der Glückseligkeit.

Auf der anderen Seite kann er locker und leichtsinnig leben und dabei seine höchste Aufgabe vernachlässigen, sein Leben makellos zu ordnen – das ist der Weg der Selbsttäuschung und des Leids.

Sobald einem Menschen klar wird, dass sein Leben in allen Aspekten seinem Geist entspringt, steht ihm der Weg zu einem glücklichen Leben offen! Denn er wird dann erkennen, dass er die Macht besitzt, seinen Geist zu beherrschen und ihn seinen Idealen entsprechend zu formen. Er wird mit seinen Gedanken und Handlungen entschieden und unerschütterlich nur Wege einschlagen, die seinem Besten dienen. Für ihn wird das Leben wundervoll und heilig. Und früher oder später wird er Verwirrungen, Leid und alles Übel weit von sich weisen. Denn es ist unmöglich, dass ein Mensch, der mit unermüdlichem Eifer das Tor seines Herzen hütet, nicht Befreiung, Erleuchtung und Frieden findet.

Behüte dein Herz mit allem Fleiß;
denn daraus geht das Leben.

Sprüche 4:23[4]

2. NATUR UND MACHT DES GEISTES

Der Geist ist der Lenker des Lebens. Er ist Schöpfer und Gestalter der Lebensumstände und Empfänger der eigenen Ergebnisse. Er verfügt über beides: die Macht, Illusionen zu schaffen, und die Fähigkeit, die Realität wahrzunehmen. Der Geist ist der unfehlbare Weber des Schicksals. Gedanken sind die Fäden, gute und üble Taten sind „Kette und Schuss" oder die Grundstruktur, und das Gewebe, auf dem Webstuhl des Lebens gefertigt, ist der Charakter. Der Geist kleidet sich in das Gewand, das er selbst geschaffen hat.

Der Mensch besitzt, als mentales Wesen, alle Macht des Geistes und verfügt über unbegrenzte Wahlmöglichkeiten. Er lernt durch Erfahrung, und er kann seine Erfahrungen forcieren oder kurzhalten. Er ist nicht willkürlich an irgendeinen Standpunkt gebunden, aber er hat sich selbst auf vieles festgelegt. Und weil er sich selbst gebunden hat, kann er sich, wenn er das möchte, auch selbst befreien.

Er kann verrohen oder rein werden, engstirnig oder großmütig, töricht oder weise – einfach indem er die Wahl trifft. Er kann durch ständige Übung Gewohnheiten formen und diese durch erneute Anstrengung auch wieder ablegen. Er kann sich mit Illusionen umgeben, bis die Wahrheit völlig verschüttgegangen ist, und er kann jede dieser Illusionen zerstören, bis die Wahrheit vollständig wiederhergestellt ist. Er hat grenzenlose Möglichkeiten, seine Freiheit ist vollständig.

Es ist die Natur des Geistes, sich seine eigenen Umstände zu schaffen, und seine Befindlichkeit zu wählen. Und er hat auch die Macht, jeden Umstand zu ändern und jede Befindlichkeit aufzugeben. Das tut er andauernd, während er Erkenntnisse über eine Befindlichkeit nach der anderen sammelt, indem er immer wieder neu wählt und tiefgehende Erfahrungen macht.

Innere Dialoge formen den Charakter und gestalten das Leben. Der Mensch kann diese Dialoge ändern, indem er sich willentlich darum bemüht. Die Fesseln der Gewohnheit, des Unvermögens und der Sünde sind selbstgemacht und können nur von einem selbst durchtrennt werden. Sie existieren nirgends sonst als im eigenen Geist, und obwohl sie direkt mit Dingen in der Außenwelt zusammenhängen, existieren sie nicht wirklich in diesen Dingen.

Die Außenwelt wird von der Innenwelt geformt und belebt, die innere Welt aber niemals von der äußeren. Eine Versuchung entsteht nicht in einem äußeren Objekt, sondern in der Begierde des Geistes nach diesem Objekt. Ebenso gehören weder Sorgen und Leid von Natur aus zu den äußeren Dingen und Geschehnissen des Lebens, sondern sie resultieren aus einer undisziplinierten Geisteshaltung diesen Dingen und Geschehnissen gegenüber.

Ein Geist, der durch Reinheit gezügelt und durch Weisheit gestärkt ist, vermeidet all jene Begierden und Lüste, die untrennbar mit Kummer und Leid verbunden sind, und gelangt so zu Klarsicht und Frieden.

Andere als schlecht zu verurteilen und äußere Umstände als Quelle allen Übels zu verdammen, verringert das Leid und die Unruhen auf der Welt nicht, sondern verstärkt sie stattdessen. Die äußere Welt ist nichts als ein Schatten und ein Effekt der inneren, und wenn das Herz rein ist, sind alle äußeren Dinge rein.

Alles Wachstum und Leben geht von innen nach außen; Verfall und Tod gehen von außen nach innen. Das ist das universelle Gesetz. Alles natürliche Werden geschieht von innen. Wer damit aufhört, seine Anstrengungen gegen Andere zu richten, und seine Kräfte für die Transformation, Regeneration und Entwicklung seines eigenen Geistes einsetzt, bewahrt seine Energie und erhält sich selbst. Und während er Fortschritte darin macht, seinen Geist zu harmonisieren, führt er andere durch Rücksicht und Güte in einen ähnlich gesegneten Zustand.

Der Weg der Erkenntnis und des Friedens wird nicht beschritten, indem man Herrschaft und Führung über den Geist anderer übernimmt, sondern indem man die legitime Kontrolle über den eigenen Geist ausübt und sich selbst auf Pfaden unerschütterlicher und erhabener Tugend bewegt.

Das Leben des Menschen entfaltet sich aus seinem Herzen und Geist heraus. Er selbst hat seinen Geist mit den eigenen Gedanken und Handlungen gestaltet. Deshalb steht es in seiner Macht, seinen Geist durch die Wahl seiner Gedanken umzugestalten. Auf diese Weise kann er sein Leben transformieren. Im nächsten Kapitel sehen wir uns gemeinsam an, wie man dazu vorgeht.

3. Gewohnheiten formen

Jeder etablierte geistige Zustand ist eine erworbene Gewohnheit, und er ist durch fortgesetzte Wiederholung bestimmter Gedanken dazu geworden. Verzweiflung und Fröhlichkeit, Wut und Gelassenheit, Habgier und Großzügigkeit – ja, alle Geisteszustände – sind Gewohnheiten, die ursprünglich in freier Entscheidung entstanden und nach einer Weile zu Automatismen geworden sind. Ein ständig wiederholter Gedanke wird zu einer festen Gewohnheit des Denkens, und diese Gewohnheiten gestalten das Leben eines Menschen.

Es liegt in der Natur des Geistes, durch die Wiederholung seiner Erfahrungen Wissen zu erwerben. Eine Vorstellung, die zu halten und zu hegen anfangs schwierig ist, wird, wenn man sich im Geiste beständig damit befasst, schließlich zu einer natürlichen, gewohnheitsmäßigen Haltung.

Wenn ein junger Mensch beginnt, ein Handwerk zu erlernen, kann er wenig mit seinen Werkzeugen anfangen, geschweige denn, sie geschickt und routiniert einsetzen. Doch mit viel Übung und nach langer Praxis, beherrscht er sie mit Leichtigkeit und großem Geschick. Genauso wird eine geistige Haltung, die anzunehmen anfangs als unmöglich erscheint, durch Beharrlichkeit und Praxis schließlich übernommen und als natürliche und unbewusste Eigenschaft in den Charakter integriert.

Diese Fähigkeit des Geistes, seine Gewohnheiten formen

und umgestalten zu können, bildet die Grundlage für die Erlösung des Menschen. Sie ist die offene Tür zu perfekter Freiheit durch Selbstbeherrschung. So wie der Mensch die Fähigkeit besitzt, sich schädliche Gewohnheiten zuzulegen, ist er ebenso in der Lage, sich Gewohnheiten anzueignen, die gut für ihn sind. Und damit kommen wir zu einem Punkt, der einer Klärung bedarf, und tiefes und ernsthaftes Nachdenken seitens meiner Leser erforderlich macht.

Es wird gerne behauptet, es sei einfacher, das Falsche zu tun, als das Richtige, zu sündigen, als heilig zu sein. Diese Vorstellung wird weithin als Wahrheit betrachtet, die sich von selbst versteht.

Kein geringerer Lehrer als Buddha[5] hat einst gesagt: „Schlechte Handlungen und solche, die uns selbst schaden, sind einfach auszuführen; was aber nützlich und gut ist, das ist schwer zu tun."

Und für die Menschheit im Allgemeinen trifft das auch zu, aber nur als eine vorübergehende Erfahrung, als ein flüchtiger Faktor in der Evolution des Menschen. Es ist kein unveränderlicher Zustand der Dinge. Es ist nicht die Natur einer ewigen Wahrheit. Dass es für Menschen leichter ist, falsch zu handeln als richtig, liegt an der vorherrschenden Unwissenheit und daran, dass die Natur der Dinge und die Essenz und Bedeutung des Lebens nicht verstanden werden.

Wenn ein Kind schreiben lernt, fällt es ihm leicht, den Stift verkehrt zu halten und Buchstaben falsch aufs Papier zu bringen, aber es hat erhebliche Schwierigkeiten damit, den Stift richtig zu halten und korrekt zu schreiben. Das liegt daran, dass dem Kind die Kunst des Schreibens unbekannt ist. Es kann die Technik nur erlernen, indem es sich Mühe gibt und ausdauernd übt, bis es ihm schließlich leicht fällt, den Stift korrekt zu halten, und schwer, es falsch zu machen.

Mit den grundlegenden Dingen des Geistes und des Lebens verhält es sich genauso. Recht zu denken und zu handeln erfordert sehr viel Übung und beharrliches Bemühen. Doch zu guter Letzt wird es zur Gewohnheit und es fällt leicht, recht zu denken und zu handeln. Dagegen würde es schwerfallen, das Falsche zu tun, schon weil dies dann ja völlig überflüssig wäre.

So wie ein Künstler durch Übung Meisterschaft in seinem Metier erringt, so kannst auch du dir durch Übung makelloses Denken und Handeln aneignen. Dazu ist nichts weiter nötig, als neue Denkgewohnheiten zu formen und alte abzulegen. Und wem recht zu denken und zu handeln leicht, falsches Denken und Handeln aber schwer fällt, der hat die höchste Tugend und echte spirituelle Einsicht erlangt.

Es fällt Menschen deshalb so leicht zu sündigen, weil sie sich durch ständiges Wiederholen schädliche und uninspirierte Denkgewohnheiten zugelegt haben. Einem Dieb fällt es sehr schwer, nicht zu stehlen, wenn sich eine günstige Gelegenheit ergibt, weil er lange Zeit mit habgierigen Gedanken gelebt hat.

Doch diese Versuchung plagt einen ehrlichen Menschen nicht, der schon seit langem mit redlichen und ehrlichen Gedanken durchs Leben geht. Er hat erkannt und zutiefst verinnerlicht, wie unrecht, unvernünftig und fruchtlos ein Diebstahl ist, dass ihm die Idee zu stehlen nicht im entferntesten in den Sinn käme. Die Sünde des Diebstahls wiegt sehr schwer, und ich habe sie als Beispiel gewählt, um damit die Macht und den Einfluss von Gewohnheiten klar und deutlich zu illustrieren. Aber alle Sünden und Tugenden entstehen und wirken auf die gleiche Weise.

Unzählige Menschen werden von Zorn und Unzufriedenheit so beherrscht, als wäre ihnen beides angeboren, weil ihnen wieder und wieder zornige und unzufriedene Gedanken durch den Kopf spuken und sie diesen entsprechend handeln. Und jede Wiederholung stärkt eine Gewohnheit und verankert sie tiefer.

Gelassenheit und Geduld können auf dieselbe Weise zur Gewohnheit werden. Wähle dazu mit Bedacht einen ruhigen, gelassenen Gedanken, denke ihn wieder und wieder und lebe darin, bis er dir zur „zweiten Natur" geworden ist, und Ärger und Ungeduld verschwinden für immer. Auf diese Weise lässt sich jeder unrechte Gedanke aus dem Geist verbannen, jede verkehrte Handlung vermeiden und jede Sünde überwinden.

Erst formen wir unsere Gewohnheiten,
dann formen unsere Gewohnheiten uns.
John Dryden[6]

4. Tun und Wissen

Sobald einem Menschen klar wird, dass sein Leben in allen Aspekten seinem eigenen Geist entspringt, sobald er erkennt, dass sein Geist eine Ansammlung von Gewohnheiten ist, die er mit Geduld und Ausdauer ohne Einschränkung ändern, dass er seinen Geist also völlig beherrschen und meistern kann, dann steht ihm damit der Schlüssel zur Verfügung, der ihm die Tür zu seiner vollständigen Befreiung öffnet.

Aber Freiheit von den Widrigkeiten des Lebens (die Mängel des eigenen Geistes sind) wird durch stetes Wachsen von innen heraus erlangt und nicht durch einen plötzlichen Anlass von außen. Stunde um Stunde und Tag für Tag muss der Geist trainiert werden, makellose Gedanken zu hegen, und in Situationen, die ihn dazu verleiten, Unrecht zu tun oder in Gier zu verfallen, eine redliche und leidenschaftslose Haltung einzunehmen.

Wie ein Bildhauer mit Geduld und Ausdauer seinen Marmorblock bearbeitet, so muss der Anwärter auf das Rechtschaffene Leben Schritt für Schritt am rohen Material seines Geistes arbeiten, bis er das Ideal seiner heiligsten Träume herausmodelliert hat.

Wenn man auf ein so hohes Ziel hinarbeitet, ist es nötig, auf der untersten Stufe und mit einfachsten Schritten zu beginnen und sich in natürlicher Steigerung auf höhere und schwierigere Ebenen hinzubewegen. Dieses

Gesetz des Wachstums, des Fortschritts, der Evolution und der Entfaltung in allmählichen, stets aufsteigenden Stufen gilt in jedem Bereich des Lebens und für jede menschliche Errungenschaft. Wo es ignoriert wird, ist Misserfolg programmiert.

Im Rahmen der Schulbildung, einer beruflichen Ausbildung oder in der Führung eines Geschäftes, wird dieses Gesetz von jedermann anerkannt und minutiös befolgt. Doch bei der Entwicklung persönlicher Integrität, von Wahrhaftigkeit, einer rechtschaffenen Lebensweise und von Lebensweisheit, wird es von den meisten Menschen verkannt und missachtet. Deshalb bleiben Rechtschaffenheit, Wahrhaftigkeit und eine makellose Lebensführung weitgehend ungeübt, unerreicht und unbekannt.

Es ist ein allgemeiner Irrtum zu glauben, dass das Höhere Leben darin besteht, viel zu lesen und theologische oder metaphysische Hypothesen zu übernehmen, und dass die Spirituellen Prinzipien auf diese Weise verstanden werden könnten. Doch das Höhere Leben wird in entsprechenden Gedanken, Worten und Werken geführt, und die Einsicht in diese Spirituellen Prinzipien, die dem Menschen und dem Universum eigen sind, kann nur nach lang geübter Disziplin im Streben nach Integrität und praktizierter Redlichkeit erlangt werden.

Das Geringere muss gründlich erfasst und begriffen werden, bevor das Größere verstanden werden kann. Übung geht immer der wahren Erkenntnis voraus.

Der Schullehrer wird niemals versuchen, seinen Schülern von Anfang an die abstrakten Prinzipien der Mathematik beizubringen. Ihm ist klar, dass eine derartige

Vorgehensweise zu nichts führen würde und Lernen unmöglich wäre. Deshalb stellt er seinen Schülern eine einfache Summe vor, und lässt sie, nachdem er den Rechenvorgang erklärt hat, sich damit beschäftigen. Wenn sie nach einer Reihe von Fehlschlägen und wiederholten Anläufen gelernt haben, richtig zu addieren, setzt er ihnen eine schwierigere Rechenart vor, dann die nächste und immer so weiter. Und erst wenn die Schüler nach Jahren fleißiger Anwendung alle Lektionen in Arithmetik gemeistert haben, beginnt er damit, ihnen die zugrunde liegenden mathematischen Prinzipien darzulegen.

In der Berufsausbildung, sagen wir mal zum Mechaniker, werden einem Jungen nicht gleich am Anfang die Prinzipien der Mechanik vermittelt, sondern ihm wird erst einmal ein einfaches Werkzeug in die Hand gedrückt und gezeigt, wie er es richtig benutzt. Dann gibt man ihm Zeit und Gelegenheit den Umgang mit dem Werkzeug zu üben. Sobald er seine Werkzeuge richtig einsetzen kann, wird er vor immer schwierigere Aufgaben gestellt, bis er schließlich nach mehreren Jahren erfolgreicher Praxis, bereit ist, die Prinzipien der Mechanik zu studieren und zu begreifen.

In einem gut geführten Haushalt wird dem Kind als Erstes beigebracht, zu gehorchen und sich unter allen Umständen anständig zu benehmen. Dem Kind wird noch nicht einmal erklärt, warum es tun muss, was von ihm verlangt wird. Erst nachdem es erfolgreich gelernt hat, das Richtige zu tun und und sich anständig zu benehmen, wird ihm erklärt, warum es das tun muss. Kein Vater würde versuchen, seinem Kind die Prinzipien der

Ethik beizubringen, ohne von ihm vorher zu verlangen, dass es seine Pflichten innerhalb der Familie erfüllt und soziale Tugenden praktiziert.

So geht die Praxis selbst in den alltäglichen Dingen des Lebens immer der Erkenntnis voran, und in spirituellen Dingen und einem Leben nach höheren Prinzipien kennt dieses Gesetz in seinen Anforderungen keine Nachsicht.

Tugend kann nur erlernt werden, indem man sie praktiziert, und die Kenntnis der Wahrheit kann sich nur aneignen, wer sich selbst in Rechtschaffenheit übt. Wer sich Tugend aneignet und makellos lebt, erlangt die vollkommene Kenntnis der Wahrheit.

Zur Wahrheit gelangt man nur, indem man sich Tag um Tag und Stunde um Stunde mit den Lektionen der Tugend beschäftigt, wobei man mit den einfachsten beginnt und zu den schwierigeren voranschreitet. Ein Kind lernt in der Schule geduldig und folgsam seine Lektionen, indem es regelmäßig übt und sich stets anstrengt, bis es alle Schwierigkeiten und Fehlschläge überwunden hat. Ebenso übt sich das Kind der Wahrheit darin, ohne sich von Fehlschlägen beirren zu lassen und durch Schwierigkeiten stärker werdend, makellos zu denken und zu handeln. Während der Mensch sich mit Erfolg Tugend und Rechtschaffenheit aneignet, entfaltet sich sein Geist im Erkennen der Wahrheit, und in dieser Erkenntnis kann er sicher ruhen.

5. Erste Schritte in ein Höheres Leben

In Anbetracht dessen, dass der Weg der Tugend der Weg der Erkenntnis ist, und dass man, bevor man die allumfassenden Prinzipien der Wahrheit verstehen kann, zuerst Perfektion in den unteren Stufen erreichen muss, stellt sich die Frage: Wie und womit fängt der Schüler der Wahrheit am sinnvollsten an?

Wie also lernt jemand, der danach strebt, seinen Geist zu vervollkommnen und sein Herz, die Quelle, „aus der alles Leben geht", zu läutern, die Lektionen der Tugend? Wie erreicht er Erkenntnis, tilgt seine Unwissenheit und vermeidet die Widrigkeiten des Lebens? Wie sieht die erste Lektionen aus, was sind die ersten Schritte? Wie werden sie praktiziert? Wie werden sie gemeistert und verstanden?

Die ersten Lektionen bestehen darin, die falschen geistigen Vorstellungen zu überwinden, die am leichtesten auszuräumen sind und die gängigsten Hemmnisse der spirituellen Entwicklung darstellen, und die einfachen Tugenden innerhalb der Familie und des sozialen Umfeldes zu praktizieren.

Für den Leser ist es sicherlich nützlich, wenn ich die ersten zehn Schritte der Übersichtlichkeit halber in drei Lektionen aufteile:

Laster des Körpers,
die zu überwinden und auszumerzen sind

Erste Lektion: Die Disziplin des Körpers

- 1. Schritt: Faulheit, Trägheit oder Müßiggang
- 2. Schritt: Maßlosigkeit oder Völlerei

Zweite Lektion: Disziplin im Reden

- 3. Schritt: Verleumdung
- 4. Schritt : Klatsch und Geschwätz
- 5. Schritt : Beleidigung und Unfreundlichkeit
- 6. Schritt: Frivolität und Respektlosigkeit
- 7. Schritt: Kritiksucht und Nörgelei

Dritte Lektion: Disziplin in Neigungen

- 8. Schritt: Selbstlose Pflichterfüllung
- 9. Schritt: Unerschütterliche Rechtschaffenheit oder moralische Integrität
- 10. Schritt: Uneingeschränkte Vergebung

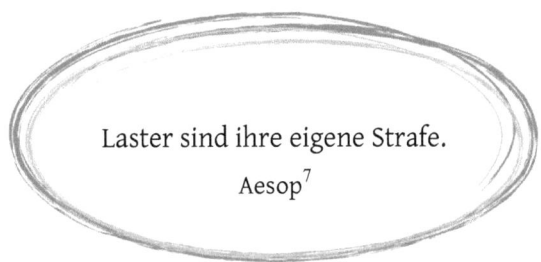

Laster sind ihre eigene Strafe.

Aesop[7]

Die beiden Laster des Körpers und die fünf der Zunge werden so genannt, weil sie im Körper beziehungsweise auf der Zunge angesiedelt sind. Außerdem ist es für den Geist des Lesers hilfreich, sie so eindeutig zu klassifizieren. Allerdings muss klar verstanden werden, dass diese Laster ursprünglich im Geist entstehen und falsche Zustände des Herzens sind, die sich im Körper und über die Zunge manifestieren.

Die Existenz derart chaotischer Zustände sind ein Hinweis darauf, dass der Geist sich völlig im Unklaren über die wirkliche Bedeutung und den Zweck des Lebens ist, und mit ihrer Beseitigung ist der Anfang eines souveränen, unerschütterlichen und erleuchteten Lebens gemacht.

Doch wie können diese Laster überwunden und ausgemerzt werden? Dazu überprüft und kontrolliert man als Erstes und sofort die Manifestationen, die sie in der Außenwelt verursachen, und eliminiert falsche Handlungsweisen. Damit wird der Geist zu Wachsamkeit und Reflexion angeregt, bis er durch wiederholte Praxis gelernt hat, die dunklen, falschen und irrigen Zustände des Geistes wahrzunehmen und zu verstehen, denen solche Handlungen entspringen. Er wird sie schließlich völlig aufgeben.

1. Schritt: Es zeigt sich, dass der erste Schritt bei der Disziplinierung des Geistes darin besteht, Trägheit und Faulheit zu überwinden. Das ist der einfachste Schritt, und bevor er nicht vollendet ist, können die weiteren Schritte nicht unternommen werden. Das Festhalten an Trägheit und Bequemlichkeit erzeugt eine massive Barriere auf dem Weg der Wahrheit. Trägheit besteht darin, dem Körper mehr Entspannung und Schlaf zu geben, als er benötigt[8], um zu prokrastinieren, und die Dinge zu vernachlässigen oder schleifen zu lassen, die sofortige Aufmerksamkeit verlangen.

Diese Trägheit muss überwunden werden, indem man früh am Morgen aufsteht und dem Körper nur soviel Schlaf gibt, wie er zu seiner vollständigen Erholung benötigt, und indem man jede Aufgabe und jede Pflicht, egal wie klein sie auch sein mag, sofort und mit vollem Einsatz erledigt, sobald sie auftaucht.

Auf keinen Fall sollte man im Bett essen oder trinken. Und im Bett liegen zu bleiben, nachdem man aufgewacht ist, um sich zu verwöhnen oder in Träumereien zu versinken, ist eine Angewohnheit, die der Bildung eines handlungsfähigen und entschlossenen Charakters und eines reinen Geistes zuwiderlaufen. Genauso wenig sollte man bei derartigen Gelegenheiten versuchen, sich mit Denken zu beschäftigen, denn ernsthafte, reine und wahre Gedanken sind unter diesen Umständen nicht möglich. Ein Mensch sollte ins Bett gehen, um zu schlafen, nicht um zu denken. Und er sollte aufstehen, um zu denken und zu arbeiten und nicht um zu schlafen.

2. Schritt: Der nächste Schritt besteht darin, Maßlosigkeit oder Völlerei zu überwinden. Ein Vielfraß ist, wer aus rein animalischer Begierde isst, ohne sich um Sinn und Zweck des Essens Gedanken zu machen. Er isst mehr, als sein Körper benötigt und ist gierig auf Süßes und schwere Speisen.

Derlei ausschweifende Begierden können nur überwunden werden, indem man die Menge an Nahrung, die man zu sich nimmt, und die Mahlzeiten pro Tag reduziert, und sich eine einfache, ausgewogene Ernährung angewöhnt, die nicht dazu verführt, sich zu überessen. Man sollte regelmäßige Essenszeiten festlegen und es strikt vermeiden, zwischendurch etwas zu essen. Das Abendessen sollte man generell abschaffen, weil es völlig unnötig ist, zu Ermüdung führt und den Geist benebelt.

Wenn man sich an diese Methode der Selbstbeherrschung hält, bringt man den vormals ungezügelten Appetit rasch unter Kontrolle. Und sobald die sinnliche Sünde der Genusssucht aus dem Geist verbannt ist, wird die richtige Wahl der Nahrungsmittel instinktiv und zuverlässig an den geläuterten geistigen Zustand angepasst werden.

Dabei sollte nicht vergessen werden, dass es uns vor allem um eine Änderung des Herzens geht, und dass eine Änderung der Ernährungsweise, die dieses Ziel nicht fördert, vergeblich ist. Wenn jemand des Vergnügens wegen isst, ist er gefräßig. Das Herz muss von sinnlichem Verlangen und Gelüsten des Geschmackssinns befreit werden.

Wenn der Körper gut kontrolliert und geführt wird; wenn das, was zu tun ist, entschlossen getan wird; wenn keine Aufgabe oder Pflicht aufgeschoben wird; wenn frühes Aufstehen zum Vergnügen geworden ist; wenn Genügsamkeit, Einfachheit, Mäßigkeit und Enthaltsamkeit fest verankert sind; wenn man mit der Nahrung zufrieden ist, die man vorgesetzt bekommt, egal wie kärglich und einfach sie ist, und das Verlangen nach kulinarischen Genüssen sich aufgelöst hat - dann sind die ersten beiden Schritte in das Höhere Leben vollbracht. Dann ist die erste große Lektion in Sachen Wahrheit gelernt. Auf diese Weise ist im Herzen die Grundlage für ein eigenständiges, selbstbestimmtes und rechtschaffenes Leben gelegt.

3. Schritt: Die nächste Lektion ist die der rechtschaffenen Sprache, die fünf Schritte umfasst. Der erste Schritt ist, die Angewohnheit zu überwinden, Verleumdungen auszusprechen. Verleumdung besteht darin, unfreundliche und üble Geschichten über andere zu erfinden oder weiterzuverbreiten, die Fehler anderer oder abwesender Freunde aufzudecken und aufzubauschen, und herabwürdigende Unterstellungen in die Welt zu setzen. In jeder verleumderischen Handlung stecken die Elemente Gedankenlosigkeit, Grausamkeit, Unaufrichtigkeit und Unwahrheit.

Wer ernsthaft das Höhere Leben anstrebt, wird damit beginnen, was immer er sagen will, vorab zu überprüfen, damit ihm keine herzlose Verleumdung über die Lippen geht. Und im Fall des Falles wird er den unaufrichtigen Gedanken aufspüren und eliminieren, der ihm die Verleumdung in den Mund gelegt hat.

Er wird darauf achten, dass er niemanden schlechtmacht oder diffamiert. Er wird es unterlassen, einen abwesenden Freund, dem er erst kürzlich ins Gesicht gelacht, den er geküsst, oder dem er die Hand geschüttelt hat, zu verunglimpfen, herabzusetzen oder zu verurteilen. Er wird nichts hinter dessen Rücken über einen anderen Menschen sagen, was er ihm nicht auch ins Gesicht zu sagen wagen würde. Und so wird er schließlich, sobald er bereit ist, Charakter und Ruf Anderer vorbehaltlos wertzuschätzen, die irrigen Geisteshaltungen, die Verleumdungen gedeihen lassen, aus seinem Denken verbannen.

4. Schritt: Der nächste Schritt besteht in der Überwindung von Klatsch und leerem Gerede. Wer klatscht und tratscht, redet über die privaten Angelegenheiten anderer Leute, nur um sich die Zeit zu vertreiben, und beteiligt sich an bedeutungslosen Gesprächen, die zu nichts führen. Ein so undisziplinierter Umgang mit der Sprache ist das Ergebnis eines unausgereiften Geistes.

Ein integrer Mensch hält seine Zunge im Zaum und lernt auf diese Weise, seinen Geist zu beherrschen. Er lässt seine Zunge nicht zügellos plappern, sondern spricht mit Herz und Verstand. Er redet, wenn er etwas Bedeutendes zu sagen hat, oder er schweigt.

5. Schritt: Beleidigungen und Unfreundlichkeit sind das nächste Laster, das überwunden werden muss. Ein Mensch, der andere beschimpft und beschuldigt, hat selbst den richtigen Weg weit hinter sich gelassen. Harte Wort und Schmähungen gegen andere auszustoßen, bedeutet tief in Torheit zu versinken. Wenn ein Mensch dazu neigt, andere schlecht zu behandeln, zu verfluchen und zu verurteilen, sollte er seine Zunge im Zaum halten und in sein Inneres schauen. Ein rechtschaffener Mensch unterlässt Beleidigungen und Beschimpfungen und hält sich von Zank und Streitereien fern. Er gebraucht nur Wörter, die nützlich, notwendig, rein und wahr sind.

6. Schritt: Im sechsten Schritt gilt es, Belanglosigkeit und Respektlosigkeit zu überwinden. Albernes und leeres Gerede, das Wiederholen geschmackloser Witze, das Erzählen vulgärer Geschichten, die keinen anderen Zweck haben, als ein schales Lachen auszulösen, plumpe Aufdringlichkeit und eine verächtliche und respektlose Wortwahl im Gespräch mit oder über Andere, vor allem über Höhergestellte, wie Lehrer, Vormunde oder Vorgesetzte – all diese Verhaltensweisen wird ein Mensch, der nach Tugend und Wahrheit strebt, ablegen.

Abwesende Freunde und Kollegen werden auf dem Altar der Respektlosigkeit und Missachtung geopfert, indem man sich für ein paar hohle Lacher hinter ihrem Rücken über sie lustig macht, und das Vertrauen, auf dem das Miteinander von Menschen basiert, fällt dem Reiz daran zum Opfer, Andere lächerlich zu machen. Wenn Respekt Anderen gegenüber und verdiente Anerkennung aufgegeben werden, haben Tugend und Rechtschaffenheit ausgedient. Wenn Bescheidenheit, Bedeutsamkeit und Würde aus Sprache und Verhalten eliminiert werden, geht die Wahrheit verloren. Ja, sogar das Tor dazu gerät außer Sicht und in Vergessenheit.

Respektlosigkeit ist schon bei jungen Menschen peinlich, doch wenn sie graues Haar und den Auftritt eines Predigers begleitet, dann ist das in der Tat ein jämmerliches Schauspiel. Und wenn dies imitiert und nachgeahmt werden kann, dann führen Blinde Blinde, dann sind Vorbilder, Lehrer und die Leute vom Weg abgekommen.

Der Tugendhafte spricht aufrichtig und respektvoll. Er denkt und redet über Abwesende wie über Tote – mit Zuneigung und als heilig. Er vermeidet Gedankenlosigkeit und achtet darauf, dass er seine Würde nicht opfert, indem er sich von einem vorübergehenden Impuls zu Leichtfertigkeit und Oberflächlichkeit hinreißen lässt. Sein Humor ist rein und harmlos, seine Stimme dezent und wohltönend, und seine Seele erfüllt von Anstand und Anmut, während er sich erfolgreich zu einer Person der Wahrheit entwickelt.

7. Schritt: Der letzte Schritt der zweiten Lektion ist die Überwindung von Kritiksucht und Mäkelei. Diese Laster der Zunge bestehen darin, kleine oder offensichtliche Mängel aufzubauschen und endlos darauf herumzureiten, mit Spitzfindigkeiten und Haarspaltereien zu argumentieren und auf haltlose Begründungen zu bestehen, denen aus der Luft gegriffene Vermutungen, Überzeugungen und Ansichten zugrunde liegen.

Das Leben ist kurz und real, und Sünde, Kummer und Leid werden nicht durch Nörgelei und Streit behoben. Ein Mensch, der ständig darauf aus ist, die Worte Anderer aufzugreifen, um ihnen zu widersprechen und sie zu bestreiten, muss den höheren Weg der Heiligkeit, das wahrere Leben der Selbsthingabe erst noch erreichen. Ein Mensch aber, der seine eigenen Worte immer achtsam abwägt, um sie abzumildern und zu läutern, wird den höheren Weg und das wahrere Leben finden. Er wird seine Energien erhalten, die Gelassenheit seines

Geistes pflegen und den Geist der Wahrheit in sich bewahren.

Wenn die Zunge gut beherrscht und und klug im Zaum gehalten wird, wenn selbstsüchtige Impulse und unwürdige Gedanken nicht länger zur Zunge drängen und verlangen, geäußert zu werden, wenn die Redeweise harmlos, rein, sanft, liebenswürdig, angemessen und sinnvoll geworden ist und kein Wort mehr gesprochen wird, das nicht aufrichtig und ehrlich ist – dann sind die fünf Schritte zu einer rechtschaffenen Rede getan, dann wurde die zweite große Lektion in Sachen Wahrheit gelernt und gemeistert.

Und jetzt werden einige fragen: „Aber wozu all diese Disziplin des Körpers und Zurückhaltung der Zunge? Das Höhere Leben kann doch sicher auch ohne solch unermüdliche Anstrengung und ständige Wachsamkeit verwirklicht werden?" Nein, kann es nicht. Im Geistigen wie im Materiellen geschieht nichts ohne Mühe, und das Höhere kann erst erreicht werden, wenn das Niedrigere vollbracht ist.

Kann ein Mensch einen Tisch zimmern, bevor er gelernt hat, mit seinem Werkzeug umzugehen und einen Nagel einzuschlagen? Und kann ein Mensch seinen Geist in Übereinstimmung mit der Wahrheit formen, bevor er die Herrschaft seines Körpers überwunden hat?

So wie die komplizierten Feinheiten der Sprache nicht verstanden und korrekt angewendet werden können, bevor das Alphabet und die einfachsten Wörter beherrscht werden, können auch die tiefgründigen Finessen des Geistes nicht verstanden und geläutert werden, bevor das ABC des richtigen Verhaltens nicht vollkommen gemeistert wird.

Was die aufgewendete Mühe betrifft: durchläuft ein junger Mensch nicht mit Freude und Geduld eine siebenjährige Ausbildung, um die Beherrschung eines Handwerks zu erlernen? Und führt er nicht Tag für Tag sorgsam und getreulich alle Anweisungen seines Meisters aus und freut sich auf die Zeit, in der er, durch Gehorsam und Übung perfektioniert, selbst ein Meister sein wird?

Wo ist der Mensch, der ernsthaft und aufrichtig hervorragende Leistungen in Musik, Malerei, Literatur oder in einem Gewerbe, Geschäft oder Beruf anstrebt, der nicht bereit ist, sein ganzes Leben darauf zu verwenden, auf seinem Gebiet Perfektion zu erreichen? Sollten dann Mühe und Aufwand abgewogen werden, wenn es um die größte Errungenschaft von allen geht – die Erkenntnis von Wahrheit?

Wer nun sagt: „Der Weg, den du aufgezeigt hast, ist mir zu beschwerlich. Ich möchte ohne Mühe zur Wahrheit gelangen und ohne Anstrengung zur Erlösung", der wird den Weg, der aus den Wirren und dem Leiden des Selbst hinausführt, nicht finden. Er wird einen gelassenen, gefestigten Geist nicht erlangen und ein weise geordnetes Leben nicht erfahren. Seine Liebe gilt der Bequemlichkeit und dem Vergnügen und nicht der Wahrheit.

Wer aber tief im Herzen die Wahrheit verehrt und danach strebt, sie zu verstehen, wird keine Mühe als zu groß betrachten, sondern sie freudig und geduldig auf sich nehmen. Und durch Ausdauer in der Praxis wird er die Wahrheit erfahren.

Die Notwendigkeit dieser vorbereitenden Disziplin von Körper und Zunge wird klarer erkannt, wenn man voll und ganz versteht, dass all die widrigen äußeren Umstände nur Ausdruck der widrigen Zustände des Herzens sind. Ein träger Körper geht mit einem trägen Geist einher, eine unkontrollierte Zunge offenbart einen zügellosen Geist, und der Prozess, manifestierte Umstände zu verbessern, besteht in der Tat darin, die inneren Zustände zu korrigieren.

Außerdem ist die Überwindung dieser Umstände nur ein kleiner Teil dessen, was wirklich in den Prozess involviert ist. Das Beenden widriger Umstände führt zu einer Praxis des Guten und ist untrennbar damit verbunden. Während ein Mensch Faulheit und Zügellosigkeit überwindet, kultiviert und entwickelt er gleichzeitig die Tugenden der Zurückhaltung, der Besonnenheit, der Pünktlichkeit und der Selbstbeherrschung. Er eignet sich Kraft, Energie und Entschlusskraft an, die unerlässlich sind, um höhere Aufgaben erfolgreich zu erfüllen. Während er die Laster der Rede überwindet, entwickelt er die Tugenden Wahrhaftigkeit, Aufrichtigkeit, Ehrfurcht, Freundlichkeit und Selbstbeherrschung, und erwirbt die mentale Beständigkeit und Zielstrebigkeit, ohne die die verborgenen Elemente des Geistes nicht gesteuert und die höheren Stufen des Verhaltens und der Erkenntnis nicht erreicht werden können.

Außerdem wird, während er darauf achtet, das Richtige zu tun, sein Wissen vertieft und seine Einsicht intensiviert. So wie ein Kind von Herzen froh ist, wenn es in der Schule eine Aufgabe gemeistert hat, so erlebt der Tugendhafte mit jedem Sieg ein Glücksgefühl, das Menschen, die auf Vergnügen und Nervenkitzel aus sind, niemals erfahren werden.

Und nun kommen wir zur dritten Lektion auf dem Weg zum Höheren Leben, die darin besteht, im täglichen Leben drei große grundlegende Tugenden zu üben und zu meistern:

1. **Selbstlose Pflichterfüllung**

2. **Unerschütterliche Rechtschaffenheit (moralische Integrität)**

3. **Uneingeschränkte Vergebung**

Nachdem er seinen Geist vorbereitet hat, indem er die in den beiden ersten Lektionen beschriebenen oberflächlichen und chaotischen Zustände überwunden hat, ist der nach Tugend und Wahrheit Strebende nun bereit, sich größere und schwierigere Aufgaben vorzunehmen und die tiefer liegenden Motive seines Herzens zu kontrollieren und zu läutern.

8. Schritt: Ohne richtige Pflichterfüllung können die höheren Tugenden nicht kennengelernt und die Wahrheit nicht erfasst werden. Pflichten werden im Allgemeinen als lästige Mühe angesehen, als obligatorisches Etwas, das man erledigen oder vor dem man sich irgendwie drücken muss. Diese Art, Pflichten zu betrachten, entspringt einer selbstsüchtigen Geisteshaltung und einem falschen Verständnis des Lebens. Jede Pflicht sollte als heilig und ihre gewissenhafte und selbstlose Erledigung als eine der wichtigsten Verhaltensregeln angesehen werden. Alle persönlichen und eigensüchtigen Überlegungen sollten bei der Erledigung einer Pflicht ignoriert und ausgeschlossen werden. Und wenn man so vorgeht, hören Pflichten auf, lästig zu sein und werden zur Freude. Pflichten nerven nur den, der auf selbstsüchtiges Vergnügen oder persönlichen Vorteil aus ist. Wenn ein Mensch, dem die Erfüllung einer Pflicht lästig ist, sich selbst betrachtet, wird er feststellen, dass sein Widerwille nicht von der Pflicht ausgelöst wird, sondern von seinem selbstsüchtigen Verlangen, sich vor ihr zu drücken.

Wer Pflichten vernachlässigt, mögen sie groß oder klein, öffentlicher oder privater Natur sein, missachtet die Tugend. Wer im Herzen gegen Pflichten rebelliert, rebelliert gegen die Tugend. Wenn die Pflicht aber eine Sache der Leidenschaft und jede einzelne Pflicht sorgfältig, ehrlich und unvoreingenommen erfüllt wird, dann wird viel subtile Selbstsucht aus dem Herzen entfernt und ein großer Schritt in Richtung der Höhen der Wahrheit getan. Der rechtschaffene Mensch konzentriert seinen Geist auf die vollkommene Erfüllung seiner eigenen Pflicht, ohne sich in die Pflichterfüllung anderer einzumischen.

9. Schritt: Der neunte Schritt besteht in der Praxis der unerschütterlichen Rechtschaffenheit oder moralischen Integrität. Diese Tugend muss fest im Geist verankert sein und so in jedes Detail des Lebens eines Menschen einfließen. Unehrlichkeit, Irreführung, Tricksereien und

Verdrehungen von Tatsachen müssen für immer eliminiert und das Herz von jeder Spur von Unaufrichtigkeit und Täuschung befreit werden. Die kleinste Abweichung vom Pfad der Rechtschaffenheit oder Fairness bedeutet eine Abkehr von der Tugend.

Was du sagst, darf nur die reine Wahrheit sein, frei von Extravaganzen und Übertreibungen. Wer andere täuscht – egal, in welch scheinbar unbedeutendem Umfang -, um mit stolzgeschwellter Brust damit zu prahlen oder in der Hoffnung, persönlichen Vorteil daraus zu ziehen, lebt in einem Zustand der Selbsttäuschung, den er unbedingt beenden oder vermeiden sollte. Von einem rechtschaffenen Menschen wird erwartet, dass er nicht nur konsequent Ehrlichkeit in Gedanken, Worten und Taten praktiziert, sondern auch, dass er es in all seinen Aussagen mit der tatsächlichen Wahrheit sehr genau nimmt und nichts weglässt oder hinzufügt.

Indem er auf diese Weise seinen Geist am Prinzip der Rechtschaffenheit oder moralischen Integrität ausrichtet, wird er mit Menschen und Dingen in einer zunehmend gerechten und unparteiischen Geisteshaltung umgehen, wobei er Gerechtigkeit über sich selbst stellt und alle Dinge frei von persönlicher Neigung, Vorliebe und Voreingenommenheit betrachtet. Wenn die Tugend der Rechtschaffenheit voll und ganz verstanden und praktiziert wird, so dass sich jede Versuchung, sich zu Unwahrheit und Unaufrichtigkeit hinreißen zu lassen, aufgelöst hat, dann hat dies das Herz reiner und edler gemacht. Dann ist der Charakter gestärkt und das Wissen hat sich erweitert. Das Leben hat eine neue Bedeutung erfahren und frische Kraft getankt. Und damit ist der neunte Schritt abgeschlossen.

10. Schritt: Der zehnte Schritt ist die Praxis der uneingeschränkten Vergebung. Sie besteht darin, das Gefühl der Verletzung zu überwinden, die Eitelkeit, Selbstsucht und Stolz entspringt, und in der Ausübung von selbstloser Nächstenliebe und Großherzigkeit gegenüber jedermann. Boshaftigkeit, Vergeltung und Rachsucht sind so absolut unwürdig, niederträchtig und so klein und töricht, dass sie es nicht im Geringsten wert sind, bemerkt oder gar wichtig genommen zu werden. Niemand, der solche Haltungen im Herzen hegt, kann sich selbst über Torheit und Leiden erheben und sein Leben auf rechte Weise führen. Nur indem man sie eliminiert und aufhört, sich von ihnen beherrschen zu lassen, kann man die Augen für die wahre Lebensweise öffnen. Nur wer einen nachsichtigen und großmütigen Geist entwickelt, kann darauf hoffen, die Kraft und Schönheit eines gut geordneten Lebens zu erreichen und wahrzunehmen.

Im Herzen eines tief tugendhaften Menschen kann kein Gefühl von persönlicher Verletztheit aufkommen. Er hat jeden Drang nach Vergeltung hinter sich gelassen und kennt keine Feinde. Wenn andere Menschen sich als seine Feinde ansehen sollten, wird er sie wohlwollend betrachten, Verständnis für ihre Unwissenheit haben und uneingeschränkt Nachsicht dafür zeigen.

Wenn dieser Zustand des Herzens erreicht ist, ist der zehnte Schritt in der Beherrschung der selbstsüchtigen Neigungen getan. Dann ist die dritte große Lektion in Tugend und Erkenntnis gelernt und gemeistert.

Nachdem ich die ersten zehn Schritte und drei Lektionen zu Rechtschaffenheit in Denken und Handeln dargelegt habe, überlasse ich es nun denjenigen meiner Lesern, die dazu bereit sind, sie in ihrem täglichen Leben zu erlernen und zu meistern.

Es gibt natürlich eine noch höhere Disziplin des Körpers, eine weitreichendere Disziplin der Zunge und größere und umfassendere Tugenden zu erlernen und zu verstehen, bevor der höchste Zustand von Glück und Erkenntnis erreicht werden kann. Doch es ist nicht meine Absicht, diese hier zu erörtern. Ich habe lediglich die ersten und einfachsten Lektionen auf dem Höheren Pfad erklärt, und bis diese vollständig gemeistert werden, wird der Leser so geläutert, gestärkt und erleuchtet sein, dass er hinsichtlich seines zukünftigen Fortschritts nicht im Dunkeln gelassen wird.

Diejenigen meiner Leser, die alle drei Lektionen absolviert haben, werden sich die Höhen der Wahrheit und den schmalen und steilen Pfad, der zu ihnen führt, bereits bewusst gemacht haben und nun entscheiden, ob sie ihn weitergehen wollen.

Der gerade Weg, den ich vorgezeichnet habe, kann von jedermann mit großem Nutzen für sich selbst und die Welt beschritten werden. Und selbst diejenigen, die nicht danach streben, sich die Wahrheit anzueignen, werden eine größere intellektuelle und moralische Stärke, ein feineres Urteilsvermögen und tieferen Seelenfrieden entwickeln, indem sie sich auf diesem Weg vervollkommnen. Ihr materieller Wohlstand wird unter dieser Veränderung des Herzens nicht leiden; nein, er wird wahrer, reiner und dauerhafter gemacht. Denn wenn es jemanden gibt, der in der Lage ist, Erfolg zu haben und Ziele zu erreichen, dann ist es der Mensch, der seine kleinen Schwächen und alltäglichen Laster aufgegeben hat, der stark genug ist, seinen Körper und Geist zu beherrschen, und der mit fester Entschlossenheit den Weg unerschütterlicher Integrität und gediegener Tugend verfolgt.

Mein Freund, du siehst,
wie vergänglich die Reichtümer
dieser Welt sind; es gibt nichts
Beständiges außer der Tugend.

Voltaire[9]

6. GEISTESZUSTÄNDE UND IHRE EFFEKTE

Ohne auf die Details der größeren Schritte und Lektionen im richtig geführten Leben einzugehen (eine Aufgabe, die den Rahmen dieser kleinen Arbeit sprengen würde), scheinen mir einige Hinweise zu den mentalen Bedingungen angebracht, die die Grundlage des Lebens in seiner Gesamtheit bilden. Diese Hinweise werden sich für diejenigen als nützlich erweisen, die bereit und willens sind, tiefer in den inneren Bereich von Herz und Geist einzudringen, wo den rasch voranschreitenden Schüler des Lebens Liebe, Weisheit und Frieden erwarten.

Jede Sünde ist Unwissenheit. Sie ist ein Zustand von Dunkelheit und mangelnder Entwicklung. Wer Falsches denkt oder falsch handelt, ist in der Schule des Lebens in derselben Position, wie der unwissende Schüler in der Schule des Lernens. Er muss erst noch lernen, richtig zu denken und zu handeln, also in Übereinstimmung mit dem Gesetz. Der Schüler ist beim Lernen nicht glücklich, solange er seine Schulaufgaben falsch macht. Ebenso kann man dem Unglücklichsein nicht entkommen, solange die Sünde unbesiegt bleibt.

Das Leben ist eine Abfolge von Lektionen. Manche Menschen sind fleißig dabei, sie zu lernen, und werden rein, weise und rundum glücklich. Andere sind nachlässig und gleichgültig und nehmen die Lektionen nicht an. Sie bleiben unrein, dumm und unglücklich.

Jede Form des Unglücklichseins entspringt einer falschen Geisteshaltung. Glücklichsein wohnt der richtigen Geisteshaltung inne. Glücklichsein ist geistige Harmonie, Unglücklichsein ist mentale Disharmonie. Während ein Mensch mit falscher Geisteshaltung lebt, wird er ein falsches Leben führen und fortwährend leiden.

Leiden wurzelt in Irrtum. Glückseligkeit wohnt der Erleuchtung inne. Seligkeit gibt es für den Menschen nur, wenn er seine Unwissenheit, seine Irrtümer und seine Selbsttäuschung aufgibt. Wo irrige Geisteshaltungen herrschen, walten Knechtschaft und Ruhelosigkeit. Bei richtiger Geisteshaltung jedoch herrschen Freiheit und Frieden.

Einige der gravierenden **falschen Geisteshaltungen**, die verhängnisvolle Auswirkungen auf das eigene Leben zur Folge haben, sind:

1. **Hass** – Er führt zu Verletzungen, Gewalt, Unglück und Leiden.

2. **Wollust** – Sie führt zu Verwirrungen des Verstandes, Gewissensbissen, Scham und Elend.

3. **Habsucht** – Sie führt zu Angst, Unruhe, Unglücklichsein und Verlusten.

4. **Stolz** – Er führt zu Enttäuschung, Demütigung und mangelnder Selbsterkenntnis.

5. **Eitelkeit** – Sie führt zu Kummer und zur Abtötung des Geistes.

6. **Verdammung** – Sie führt zu Verfolgung durch Andere und deren Hass.

7. **Böswilligkeit** – Sie führt zu Misserfolgen und Problemen.

8. **Hemmungslosigkeit** – Sie führt zu Elend, Verlust des Urteilsvermögens, Grobheit, Krankheit und Verwahrlosung.

9. **Zorn** - Er führt zum Verlust von Macht und Einfluss.

10. **Begierde** oder **Selbstversklavung** - Beides führt zu Kummer, Torheit, Jammer, Unsicherheit und Einsamkeit.

Die aufgeführten falschen Geisteshaltungen sind lediglich Negationen. Sie sind Zustände von Dunkelheit und Entbehrung und ohne positive Kraft. Das Übel ist keine Macht; es ist Unkenntnis und Missbrauch des Guten. Ein Hasser ist, wem es nicht gelungen ist, die Lektion der Liebe richtig anzuwenden, und der als Konsequenz daraus leidet. Sobald es ihm gelingt, es richtig zu machen, wird der Hass verschwunden sein und er wird die Dunkelheit und die Ohnmacht des Hasses erkennen und verstehen. Dies gilt für jede falsche Haltung.

> Ich werde niemandem gestatten,
> meine Seele klein zu machen, indem
> er mich dazu bringt, ihn zu hassen.
> Booker T. Washington[10]

Im Folgenden führe ich einige der wichtigeren **richtigen Geisteshaltungen** und ihre positiven Auswirkungen auf das Leben des Menschen auf:

1. **Liebe** – Sie führt zu freundlichen Umständen und einem glücklichen Leben.

2. **Reinheit** – Sie führt zu geistiger Klarheit, Freude und unerschütterlicher Zuversicht.

3. **Selbstlosigkeit** – Sie führt zu Mut, Zufriedenheit, Lebensglück und Wohlstand.

4. **Bescheidenheit** – Sie führt zu Gelassenheit, Ruhe und Erkenntnis der Wahrheit.

5. **Sanftmut** – Sie führt zu emotionalem Gleichgewicht und zu Zufriedenheit in allen Lebenslagen.

6. **Mitgefühl** – Es führt zum Schutz durch Andere, zu ihrer Liebe und ihrem Respekt.

7. **Wohlwollen** – Es führt zu Freude und Erfolg.

8. **Selbstbeherrschung** – Sie führt zu innerem Frieden, wahrhaftem Urteilsvermögen, Kultiviertheit, Gesundheit und Ehre.

9. **Geduld** – Sie führt zu mentaler Stärke und weitreichendem Einfluss.

10. **Selbstüberwindung** – Sie führt zu Erkenntnis, Weisheit, Verständnis und tiefem Frieden.

Die genannten richtigen Geisteshaltungen zeichnen sich durch positive Kraft, Licht, freudigen Besitz und Wissen aus. Dem guten Mensch ist das bekannt. Er hat gelernt, seine Aufgaben richtig zu erledigen und versteht dadurch die exakten Proportionen, die das Lebens als Ganzes ausmachen. Er ist erleuchtet und erkennt Gut und Böse. Er ist zutiefst glücklich und tut nur das, was gottgewollt richtig ist.

Einem Mensch hingegen, der in falsche Geisteszustände

verstrickt ist, mangelt es an Wissen. Er weiß nichts über Gut und Böse, über sich selbst und über die inneren Ursachen, die sein Leben ausmachen. Er ist unglücklich und glaubt, dass andere Menschen die Ursache für sein Unglücklichsein sind. Er arbeitet blind und lebt in Dunkelheit, ohne einen zentralen Zweck in seinem Dasein und eine geordnete und gesetzmäßige Abfolge im Lauf der Dinge zu erkennen.

Wer danach strebt, das Höhere Leben in Vollendung zu erlangen und die wahre Ordnung der Dinge und den Sinn des Lebens mit ungetrübtem Blick wahrzunehmen, muss alle falschen Zustände des Herzens aufgeben und beharrlich Gutes praktizieren. Wenn er leidet, zweifelt oder sich unglücklich fühlt, muss er sein Inneres erforschen, bis er die Ursache findet und diese, sobald er sie aufgespürt hat, verwerfen. Er sollte sein Herz so behüten und läutern, dass mit jedem Tag weniger Übel und mehr Gutes daraus hervorgeht. So wird er täglich stärker, großmütiger und weiser. Sein Glück nimmt zu und das Licht der Wahrheit, das heller und heller in ihm erstrahlt, wird alle Düsternis auflösen und seinen Weg erleuchten.

> Wahrheit ist so nebulös in diesen
> Zeiten und Unwahrheit so etabliert,
> dass wir sie nicht erkennen können, wenn
> wir die Wahrheit nicht lieben.
>
> Blaise Pascal[11]

7. Ermunterung

Anhänger der Wahrheit, Liebhaber der Tugend, Sucher der Weisheit, und auch ihr, die ihr von Sorgen geplagt werdet, die Leere eines selbstbezogenen Lebens kennt aber eines anstrebt, das überaus schön, heiter und voller Freude ist – nehmt euch selbst bei der Hand, tretet durch die Tür der Selbstdisziplin und lernt das Bessere Leben kennen.

Lasst die Selbsttäuschung hinter euch. Seht euch als das, was ihr seid, und seht den Weg der Tugend so, wie er ist. Es gibt keinen faulen Weg zur Wahrheit. Wer auf dem Gipfel des Berges stehen will, muss unter Mühen aufsteigen und darf nur rasten, um Kräfte zu sammeln. Doch auch wenn der Aufstieg weniger beeindruckend ist, als der wolkenfreie Gipfel, ist er dennoch grandios. Selbstdisziplin ist an sich eine großartige Sache, und der Erfolg, zu dem sie führt, ist herrlich.

Steh früh am Morgen auf und meditiere. Beginne jeden Tag mit einem beherrschten Körper und einem gegen Irrtum und Schwäche gefeiten Geist. Die Versuchung wird nie durch einen unvorbereiteten Kampf besiegt. Der Geist muss in Stunden der Stille gewappnet und geordnet werden. Er muss dazu trainiert werden, wahrzunehmen, zu erkennen und zu verstehen. Sünde und Versuchung verschwinden, wenn das richtige Verständnis entwickelt wurde.

Das richtige Verständnis wird durch unverminderte Diszipliniertheit erreicht. Wahrheit kann nur durch Diszipliniertheit erlangt werden. Geduld wächst durch Anstrengung und Übung, und Geduld macht Selbstdisziplin reizvoll.

Diszipliniertheit ist für einen ungeduldigen Menschen, der sein Selbst über alles liebt, lästig. Deshalb vermeidet er sie und lebt weiter locker und konfus.

Für einen Menschen, der Wahrheit liebt, ist Diszipliniertheit nicht lästig, und er wird die unendliche Geduld aufbringen, die warten, arbeiten und überwinden kann. So wie die Freude des Gärtners, der zusieht, wie sich seine Blumen von Tag zu Tag entwickeln, ist auch die Freude des disziplinierten Menschen, der die göttlichen Blüten der Reinheit, der Weisheit, des Mitgefühls und der Liebe in seinem Herzen wachsen sieht.

Der ausschweifend lebende Mensch kann Sorge und Kummer nicht entkommen. Der undisziplinierte Geist fällt, schwach und hilflos, vor dem heftigen Ansturm der Leidenschaft.

Ordne deshalb deinen Geist, wenn du Wahrheit liebst. Sei wachsam, umsichtig und entschlossen. Dein Heil ist nah. Deine Bereitschaft und dein Einsatz ist alles, was es dazu braucht. Wenn du zehnmal scheiterst, lass dich nicht entmutigen. Wenn du hundertmal scheiterst, steh auf und geh deinen Weg. Und selbst wenn du tausendmal scheiterst, verzweifle nicht. Wenn du den richtigen Weg eingeschlagen hast, ist dir der Erfolg sicher, sofern du nicht völlig davon abweichst. Erst kommt der Kampf, dann der Sieg. Erst Arbeit, dann Ruhe. Erst Schwäche, dann Stärke. Anfangs ein Leben auf bescheidenem Niveau, die Grelle und Verwirrung von Streit und Kampf, doch am Ende ein wunderbares Leben, Stille und Frieden.

Die üblichen Dinge, die Alltäglichkeiten,

die im Stundentakt beginnen und enden,

die Freuden und was uns nicht gefällt,

sind Gelegenheiten, um aufzusteigen.

Wir haben keine Flügel,

wir können nicht fliegen;

doch wir haben Füße,

um Gipfel zu erklimmen.

Longfellow[12]

ANHANG

Die Wahrheit, die frei macht

Charles B. Patterson

Freiheit ist ein Ideal, das uns fasziniert, und doch ist es ein Segen, für den die meisten Menschen nicht willens sind, den Preis zu bezahlen, denn es kostet alles, was einen Menschen ausmacht.

Der Meister sagte einst: „Ihr werdet die Wahrheit erkennen, und die Wahrheit wird euch frei machen."[13]

Damit stellt sich unwillkürlich die große Frage: „Was ist Wahrheit?" Es ist kein Wunder, dass Pilatus die Frage stellte, wann die Menschen seiner Zeit in verschiedene Schulen eingeteilt worden seien, die alle einen großen Mann oder einen Glauben glorifizierten, und die Vorbilder – Person oder Glaube – so widersprüchliche Vorstellungen repräsentierten. Aber ist die Sache heute einfacher? Wenn wir uns mit den verschiedenen modernen Religionsgemeinschaften genauer beschäftigen oder die Gedanken großer Philosophen und Visionäre studieren, geraten wir völlig durcheinander und werden mutlos, weil sich die verschiedenen Systeme so sehr gegenseitig widersprechen. In seiner Verzweiflung beginnt der ernsthafte Suchende nach dem Licht in seiner eigenen Seele Ausschau zu halten und siehe da: Der Weg ist so klar, dass der Wanderer, selbst wenn er ein Narr wäre, nicht irrezugehen braucht.

Nicht etwas zu akzeptieren, was wir von einem anderen Menschen annehmen, macht uns frei und lebendig, sondern dem Wort der Liebe zu folgen, befreit uns von allen Beschränkungen. Die Wahrheit bleibt immer dieselbe, aber unser Verständnis für sie wächst ständig.

Die Vision der Wahrheit eines Anderen kann uns nur helfen, indem sie uns zum Handeln anregt, und unser Handeln wiederum öffnet uns die Augen für die himmlische Vision. „Wenn jemand seinen Willen tun will, so wird er von der Lehre wissen, ob sie aus Gott ist."[14]

Die einzige Wahrheit, die uns jemals befreit, ist gelebte Wahrheit. Um Wahrheit zu erkennen, müssen wir sie verwirklichen – das heißt, wir müssen sie in der Welt um uns her erfahrbar machen.

Je mehr ich mich mit alledem befasse, desto mehr weiß ich die Tatsache zu schätzen, dass materielle Dinge nur von Wert sind, wenn sie das Leben in uns zum Ausdruck bringen. Ein Mensch mag alle irdischen Schätze besitzen und durch sie doch nur geschwächt und versklavt werden, wohingegen einem anderen, der von persönlichen Ambitionen befreit ist und selbstsüchtige Aktivitäten aufgegeben hat, über all den Reichtum des Universums verfügt.

Wer bereit ist, den Willen der allumfassenden Liebe zu erfüllen, ist in der Tat ein König. Nichts kann ihn hindern oder halten, denn er ist von den Fesseln seines Selbst befreit und dient nur der Liebe.

Die Juden machten sich voll und ganz davon abhängig, was Abraham gewesen war oder was Moses gesagt hatte. Ihre Frage lautete stets: „Wie steht es geschrieben?"

oder „Was sagt das Gesetz dazu?", und sie waren für das Wort Gottes in ihrer eigenen Seele so blind, dass sie es nicht als unvereinbar ansahen, ihre Liebe zu Gott zu bekennen, während sie die Häuser von Witwen verschlangen[15]. Durch diese Abhängigkeit bürdeten sie den Kindern Gottes finanzielle und zeremonielle Bürden auf, die schwer zu ertragen waren.

Alle Heiligen, Apostel und Propheten können das Wort nicht ersetzen, das dem Menschen in die eigene Seele geschrieben steht. Tatsächlich waren die inspirierten Menschen vergangener Zeiten nur in dem Maß großartig, wie sie auf ihre eigene innere Stimme hörten. Ihrer vertrauensvollen Umsetzung der Intuitionen ihrer Seele ist es zu verdanken, dass die Welt immer höhere Entwicklungsstufen erreicht hat.

Während wir den steilen Pfad zu Selbsterkenntnis und Selbstentfaltung erklimmen, schrumpfen und verblassen all die Dinge, die uns lange so wichtig schienen – die kleinen Regeln der Welt, ihre Bräuche und Konventionen –, in dem grandiosen Panorama des allumfassenden Lebens, das sich vor uns ausbreitet.

Und schon bald erkennen wir, dass wir nur, wenn wir unsere Bindung zu Dingen der Vergangenheit sterben lassen und ernsthaft und mit tiefer Einsicht in die Belange der Gegenwart leben, in die Fülle des Lebens eintreten.

Wir dürfen nicht zulassen, dass uns die Ideale, Vorbilder und Maßstäbe der Vergangenheit beherrschen. Wir müssen den neuen und lebendigen Weg beschreiten, den Weg, der erst durch unser eigenes furchtloses Leben aus all der Wahrheit, die wir kennen, entsteht und sichtbar wird.

Egal, wie sehr dir etwas in der Vergangenheit geholfen hat, wenn es dich nicht jetzt zum Handeln bringt, ist es nicht das Wort Gottes für dich. Wir haben es nicht gerne, mit unseren Mitmenschen aneinander zu geraten, und deshalb schrecken wir oft davor zurück, das Licht, von dem wir erfüllt werden, mutig nach außen wirken zu lassen. Wir wollen der Welt und uns selbst gefallen, doch am Ende gefallen wir niemandem. Denn Feiglinge stecken voller Verbitterung und können weder sich noch die Welt jemals zufriedenstellen.

Ist es dann nicht viel besser, in der Kraft Gottes zu leben, jedem noblen Impuls, den wir haben, furchtlos nachzukommen, und die Verantwortung Ihm zu überlassen? Jeder Mensch kann Freiheit haben unter der Bedingung, dass er sich nach der Wahrheit richtet, statt nach den instabilen Verhältnissen der Welt, die sich unablässig verändern.

Jesus hielt dies für den einzigen Weg. Er sah, dass der auf sich selbst bezogene Mensch hilflos war, und erst als Er durch seinen Tod aus seinem persönlichen Ehrgeiz ausschied, erlangte er Freiheit und volle Macht. Er erklärte freiweg: „Ich kann nichts von mir selbst tun"[16], und er wies die Vorstellung zurück, dass er als Mensch besser wäre, als seine Brüder. „Was heißest du mich gut? Niemand ist gut denn der einige Gott."[17]

Nun ist es aber so, dass Menschen auf der persönlichen Ebene des Lebens irgendwelche äußerlichen Autoritäten wie den Staat oder die Kirche verehren. Dieser Gehorsam oder diese Reaktion ist in mancher Beziehung in Ordnung. Beides spielt sicherlich eine Rolle im großen Werk der Entwicklung. Solange Menschen auf der niedrigen Ebene des Selbst fortbestehen, ist es besser, dass sie einen Anderen verehren oder ihm gehorchen, als dass jeder in all seiner Selbstsucht sich selbst Gesetz ist.

Doch in dem Moment, in dem man das höhere Leben des unpersönlichen Dienstes erkennt, verliert die äußere Autorität ihren Griff. Von nun an kann sie den Sehenden nur noch blockieren und verletzen.

Wir können uns nicht zum Höchsten und Besten, was in uns steckt, entfalten, wenn wir etwas gehorchen, das uns von außen diktiert wird. „Darum, ist jemand in Christo, so ist er eine neue Kreatur; das Alte ist vergangen, siehe, es ist alles neu geworden!"[18] Der Weg, den er gehen muss, ist ein neuer, denn sein Leben ist einzigartiges Leben. Er ist individuell – es gibt keine andere Seele wie seine im Universum. Und um alles, was er ist, frei zu entfalten, muss er notwendigerweise sein eigenes Leben führen.

Unserem inneren Selbst aus Liebe zu unseren Mitmenschen zu folgen, ist die Freiheit, mit der Christus uns befreit.

Bisher waren wir an unsere selbstsüchtigen Wünsche gefesselt, doch wenn uns das Verlangen nach universellem Guten erfüllt, treten wir in das Leben des Universums ein. Dann sind Zeit und Ort aus unserem Bewusstsein verschwunden. Denn „ein Tag vor dem Herrn ist wie tausend Jahre, und tausend Jahre wie ein Tag."[19] Wenn die Menschen es nur begreifen würden, wäre alles, was jemals von Ewigkeit sein kann, die Gegenwart. Für eine Seele, die wirklich liebt, umfasst die Gegenwart alle Vergangenheit und Zukunft, denn Leben wird als unteilbares Ganzes verstanden. Mit Gott eins zu sein, mit ihm in Gedanken, Zielen und Handlungen verbunden, bedeutet, alle anderen Leben, Vergangenheit, Gegenwart und Zukunft, in unser eigenes miteinzubeziehen. Es gibt nichts Unvollständiges am göttlichen Leben; es ist all-inclusive, überall. Vor der Liebe sind alle gleich, sie dient dem Interesse aller Menschen, indem sie sie behutsam für die Anerkennung Gottes großen Gemeinwesens gewinnt, in dem alle Dinge allen Menschen gehören.

Ist es nicht sonderbar, dass Menschen sich am allermeisten davor fürchten, buchstäblich in die Hände des lebendigen Gottes zu fallen?

Die alte Vorstellung, dass es sich dabei um eine furchterregende Angelegenheit handelt, hat wahrscheinlich mehr dazu beigetragen, die Entwicklung der Welt zu hemmen, als jede andere Idee. Doch genau das müssen wir lernen, uns tun zu lassen: Wir müssen lernen, das persönliche, irdische Selbst mit all seinen irrigen Konzepten einer getrennten Existenz und gesonderter Interessen loszulassen und uns von der Flutwelle unserer tiefsten Instinkte mitnehmen zu lassen, um für immer im Schoß Gottes unendlichen Ozeans der Liebe, des Lebens und des Friedens zu ruhen.

Die Menschen stellen sich ein religiöses Leben oft als eines voller Opfer vor. Doch worin besteht das Opfer, wenn man, indem man eine Ebene des Seins aufgibt, in ein höheres Leben eintritt, das die Fülle Gottes mehr und mehr umfasst?

Es gibt jedoch das Element der Kreuzigung. Um in das Leben des Geistes einzutreten, müssen wir den alten Menschen mit all seinen Begierden tatsächlich kreuzigen – die Gier nach Macht über andere, die Gier nach persönlicher Belohnung, den Drang zu Sicherheit – wir müssen all diese irdischen Ambitionen sterben lassen und für die höhere, die allumfassende Liebe leben. Doch sobald wir damit beginnen, dies auf offenkundige Weise zu tun, wird die Welt sich, zornig über unsere Anmaßung, erheben, „Denn das Wort vom Kreuz ist denen, die verloren gehen, Torheit"[20]. Ein Leben in echter Liebe ist ein Affront gegen den selbstbezogenen Menschen. Das Christusbewusstsein unterscheidet sich vom Bewusstsein der Welt, und solange das körperbezogene Bewusstsein herrscht, wird es zwangsläufig immer einen Konflikt zwischen persönlichen und universellen Interessen geben. Das Leben in Liebe ist tatsächlich ein Schwert, das in das Herz der Dinge schneidet und die niederträchtigen Bestrebungen, die Heucheleien und den vielfachen Verrat einer selbstsüchtigen Welt aufzeigt. Und als Folge davon wendet sich die Welt gegen diejenigen, die der Menschheit, anstatt einzelnen Menschen dienen, und verfolgt ihre Retter mit allen möglichen Strafen.

Es gibt nur eine Sache, die zwischen Mensch und Freiheit steht, und das ist der persönliche Wille. Viele Menschen wünschen sich inständig, gerettet zu werden, sie sehnen sich nach Stärke, physischer, seelischer und geistiger Gesundheit, aber sie möchten innerhalb ihrer Sünden gerettet werden, nicht vor ihnen.

Es ist unser gespaltenes Bewusstsein, das uns in Schwäche und Krankheit niederhält. Wir wünschen uns persönliches Glück, wir sehnen uns nach irdischer Sicherheit, Gelassenheit und Ruhm, aber wir wollen uns selbst nicht loslassen; doch dieses Festhalten ist das Wesen der Sklaverei. Vom persönlichen Willen beherrscht zu werden, bedeutet in Knechtschaft zu leben und Untertan des Gesetzes von Sünde und Tod zu sein.

Der Mensch hat sich durch sein falsches Konzept des Getrenntseins mit all dem Unfrieden unter Menschen, den es mit sich bringt, tatsächlich ein vorübergehendes Gesetz der Sünde und des Todes geschaffen. Es gibt nur eine Sache, die ihn davon befreien kann, und das ist das ewige Gesetz des Geistes des Lebens. Nur wenn wir uns durch Meditation, Konzentration und freies Verströmen inneren Reichtums allen Menschen gegenüber erheben, können wir *alles unter unsere Füße tun*[21].

Der Mensch ist dazu bestimmt, die Oberherrschaft im höchsten Sinn des Wortes zu haben, nicht, indem er sich gegen die durchsetzt, die schwächer sind, sondern indem er alle Dinge dem Willen Gottes unterordnet.

Der Mensch ist die Verkörperung der gesamten Schöpfung. Die Wissenschaft beweist durch ihre Untersuchungen in der Embryologie, dass der Mensch tatsächlich die Zusammenfassung aller niedrigeren Stufen der Entwicklung in gekürzter Form ist. Und wenn er erst einmal gelernt hat, sich selbst in Liebe zu beherrschen, wird die

Wildheit aus dem Reich des Animalischen überwunden sein.

Wenn sich der Löwe des Eigenwillens im Menschen dem „Liebeswillen" des Universums unterwirft, werden sich Löwe und Lamm in der äußeren Welt gemeinsam in Frieden Schlafen legen.

Der persönliche Wille, der Wille, der Sicherheit, Bequemlichkeit oder Vergnügen auf Kosten seiner Mitmenschen sucht, ist verantwortlich für all die Zwietracht und den Kummer in der äußeren Welt. Unsere Krankheiten, unsere Verbrechen und unsere Armut sind die Früchte der Selbstsucht; sie sind natürliche Auswirkungen des körperfixierten Geistes.

Im einem sehr wahren Sinn hat unsere Welt eine Seele, einen Geist und einen Körper, und sie ist dabei, zu sich selbst zu finden; sie erwacht ganz allmählich zu einem Bewusstsein ihrer selbst.

Der körperfixierte Verstand – diese vorübergehende Vorstellung von der Vorherrschaft des Physischen – hat all unsere Zwietracht und unsere atheistische Kontrolle des Menschen hervorgebracht. Doch langsam erwacht dieses Kind Gottes, unsere Welt, zu seiner wahren Natur. Die Seele der Welt regt sich im Inneren, und wenn sie sich ihrer Kraft der Liebe vollends bewusst geworden ist, wird diese Erde damit beginnen, ihr Lichtgewand anzulegen. Dann wird die Freiheit sowohl im äußeren als auch im inneren Leben herrschen, und die Gemeinde Gottes wird auf Erden Wirklichkeit werden.

Ausschnitt aus dem Buch *Dominion and Power*
(deutsch: Vorherrschaft und Macht) von Charles B. Patterson

James Allen

James Allen wurde am 28. November 1864 in Leicester / England geboren und starb 1912 in seinem Heimatland. Er war einer der ersten Autoren von Büchern, die sich mit der *Macht des Denkens* befassten und gilt als eine der bekanntesten Stimmen der *Neugeist-Bewegung* (im anglo-amerikanischen Sprachraum als *New Thought Movement* bekannt), in der sich Gedanken der christlichen, buddhistischen und hinduistischen Philosophien vereinen.

Sein bekanntestes Werk ist *Wie wir denken, so leben wir (As A Man Thinketh)*. Der Klassiker zum Thema Lebensführung hat direkt oder indirekt die meisten bekannten Autorinnen und Autoren inspiriert, die nach ihm Bücher über die *Macht der Gedanken* veröffentlicht haben. Sein Einfluss auf die Literatur zur Persönlichkeitsentwicklung ist bis heute ungebrochen.

Allen, der ältere zweier Brüder einer englischen Arbeiterfamilie, wuchs in bescheidenen Verhältnissen auf. Seine Mutter konnte weder lesen noch schreiben. Sein Vater verdiente den Lebensunterhalt für die Familie als Arbeiter in der Textilindustrie.

Als 1879 eine Flaute in der Textilbranche das Einkommen der Familie gefährdete, machte sich James' Vater auf den Weg in die USA, um dort Arbeit zu finden und ein neues Zuhause für seine Familie zu schaffen. Doch dazu sollte es nie kommen, denn nur zwei Tage nach seiner Ankunft in der Neuen Welt war William Allen – als mutmaßliches Opfer eines Raubmordes – tot.

Infolge dieses Schicksalsschlags stand seine Familie in England über Nacht vor dem Nichts, und so sah sich James im

Alter von 15 Jahren gezwungen, die Schule zu verlassen und einen Job anzunehmen, um die Existenz der drei Hinterbliebenen zu sichern.

Vierzehn Jahre nach seinem Einstieg ins Arbeitsleben zog es James 1893 in die Metropole London. Dort lernte er seine zukünftige Frau Lily Louisa Oram kennen, die er 1895 heiratete.

Im selben Jahr öffnete sich für James Allen eine neue Tür: Er fand einen Job als Autor für das Magazin *The Herald of the Golden Age*, der ihn der Verwirklichung seiner eigentlichen Berufung einen großen Schritt näher brachte.

1901 veröffentlichte er mit *From Poverty to Power* sein erstes Buch. Im darauffolgenden Jahr gab er unter dem Titel *The Light of Reason* ein eigenes spirituelles Magazin heraus, das später in *The Epoch* umbenannt wurde.

Ebenfalls 1902 veröffentlichte er sein drittes und bekanntestes Buch, *Wie wir denken, so leben wir (As A Man Thinketh)*, das rund um die Welt gelesen wurde (und immer noch wird), und James Allen – allerdings erst nach seinem Tod – berühmt machte.

Die folgenden Jahre verbrachte er - seinem Idol Leo Tolstoi nacheifernd – bis zu seinem Tod im Jahr 1912 mit Schreiben. In seinen letzten Lebensjahren verfasste er insgesamt 19 Bücher.

James Allen schrieb, so erzählte seine Witwe im Vorwort zu einem seiner postum veröffentlichten Werke, nie des bloßen Schreibens wegen und beschäftigte sich nicht mit reinen Theorien, sondern ließ in seine Bücher nur einfließen, was er selbst in seinem Leben ausprobiert und für gut und nützlich befunden hatte.

Anmerkungen

1 Dschalāl ad-Dīn Muhammad Rūmī (1207-1273) – kurz **Rūmī** genannt – war ein Sufi-Mystiker, Gelehrter, Theologe und einer der bedeutendsten persischsprachigen Dichter des Mittelalters.

2 Der gebürtige Kanadier **Charles Brodie Patterson** (1854–1917) wanderte in den 1880er-Jahren in die USA aus, wo er sich als Verleger und Autor für die Themen New Thought und Metaphysik engagierte.

3 **Ralph Waldo Emerson** (1803-1883 / USA) war ein Philosoph und Schriftsteller, der die transzendentalistische Bewegung Mitte des 19. Jahrhunderts anführte. Er wird auch heute noch gerne gelesen und zitiert.

4 Sprüche 4:23 (Lutherbibel 1912)

5 Siddhartha Gautama **Buddha** (563-483 v. Chr. / Indien) war der Begründer des Buddhismus und wird im Allgemeinen als „der historische Buddha" bezeichnet.

6 **John Dryden** (1631-1700) war ein einflussreicher englischer Dichter, Übersetzer, Literaturkritiker und Dramatiker, der 1668 zum Poet Laureate ernannt wurde. Dieses Amt des Hofdichters bekleidete er zwanzig Jahr lang.

7 Um **Äsop**, der mutmaßlich im 6. Jahrhundert v. Chr. lebte, ranken sich viele Legenden, gesicherte Fakten zu seiner Biografie sind hingegen spärlich. Er ist vor allem für und wegen der Fabeln bekannt, die seinen Namen tragen.

Die US-amerikanischen National Health Foundation empfiehlt für erwachsene Menschen sieben bis neun Stunden Schlaf pro Tag (Stand: 2015).

9 **Voltaire** (1694-1778) war ein französischer Philosoph, Historiker und Schriftsteller. Als Vordenker der Aufklärung und Wegbereiter der Französischen Revolution, ist er für seine Forderungen nach Meinungsfreiheit, Religionsfreiheit und der Trennung von Kirche und Staat bekannt. Aus seiner Feder stammen mehr als 2.000 Bücher und Flugschriften.

10 **Booker T. Washington** (1856-1915), auf einer Plantage in Virginia (USA) als Sklave geboren, war ein US-amerikanischer Pädagoge, Sozialreformer und Bürgerrechtler.

11 **Blaise Pascal** (1623-1662) war ein französischer Physiker, Mathematiker, Erfinder, Literat und christlich geprägter Philosoph.

12 **Henry Wadsworth Longfellow** (1807-1882) war ein US-amerikanischer Schriftsteller, Lyriker, Dramatiker und Übersetzer und einer der populärsten Autoren seiner Zeit.

13 Johannes 8:32 (Textbibel 1899)

14 Johannes 7:17 (Elberfelder Bibel 1905)

15 „Und er sprach in seiner Lehre: Hütet euch vor den Schriftgelehrten, die in langen Gewändern einhergehen wollen und die Begrüßungen auf den Märkten und die ersten Sitze in den Synagogen und die ersten Plätze bei den Gastmählern lieben; *die die Häuser der Witwen verschlingen* und zum Schein lange Gebete halten!" - Markus 12:38-40 (Elberfelder Bibel 1905)

16   Johannes 5:30 (Elberfelder Bibel 1905)

17   Markus 10:18 (Lutherbibel 1912)

18   2. Korinther 5:17 (Lutherbibel 1912)

19   2. Petrus 3:8 (Elberfelder Bibel 1905)

20   1. Korinther 1:18 (Elberfelder Bibel 1905)

21   In Anlehnung an Psalm 8:6: „Du hast ihn zum Herrn ge-
     macht über deiner Hände Werk; alles hast du unter seine
     Füße getan." (Lutherbibel 1912)

Weitere Erfolgsklassiker

Wie wir denken, so leben wir

Mit seinem Buch *Wie wir denken, so leben wir* (*As A Man Thinketh*) liefert **James Allen** nichts Geringeres als einen Schlüssel zu einem selbstbestimmten Leben. Er hat altes Wissen wiederentdeckt: in alten Schriften wie der Bibel und dem Dhammapada (Anthologie von Aussprüchen des historischen Buddha), in traditionellen westlichen und östlichen Philosophien und Denkweisen.

Aus dem Englischen von Günter W. Kienitz
Softcover: 978-3-7322-4960-2 - Hardcover: 978-3-7494-3257-8
E-Book: 978-3-7322-2180-6 – auch als Hörbuch erhältlich

Der Weg zu Glück und Wohlstand

James Allen erklärt Ihnen in diesem Buch, wie und warum man in widrige Lebensumstände gerät, wie man sich aus eigener Kraft daraus befreit, wie man sein Leben selbst kontrolliert und steuert und - wie man den Weg zu Glück und Wohlstand einschlägt.

Aus dem Englischen von Günter W. Kienitz
Softcover: ISBN 978-3-7347-5725-9
E-Book: 978-3-7392-5964-2

Die Wissenschaft vom Reichwerden

Reich sein! Wer träumt davon nicht, zumindest hin und wieder? Sein und haben können, was man sein und haben will, ohne aufs Geld schauen zu müssen?
Wallace D. Wattles sagt: Reich werden kann jeder, unabhängig von der Ausgangssituation. Und wer seine Methode konsequent anwendet, davon war Wattles felsenfest überzeugt, wird sicher reich werden.
Der Erfolgsklassiker inspiriert und leitet seit mittlerweile über hundert Jahren Menschen auf dem Weg zu Reichtum.

Aus dem Englischen von Günter W. Kienitz
Softcover: ISBN 978-3-7460-6414-7 –E-Book: ISBN 978-3-7460-8766-5

Das Lebensspiel und wie man es spielt

„Das Leben ist ein Spiel", sagt Florence Scovel Shinn, „und nur wer die Regeln kennt, kann es richtig spielen."
Sie erklärt diese Regeln des Lebensspiels einfach und verständlich anhand von Beispielen aus ihrer Praxis und verrät Ihnen, wie Sie Ihre persönlichen Lebensumstände nach Ihren Vorstellungen und Wünschen ändern und gestalten können.

Aus dem Englischen von Günter W. Kienitz
Softcover: ISBN 978-3-8423-4873-8 Hardcover: ISBN 978-3-7386-2581-3
E-Book: ISBN 978-3-8448-5776-4 - auch als Audiobook erhältlich

---

Dein Wort hat Macht und Magie

Wie unser Leben verläuft, hängt nicht etwa von einer Reihe von Zufällen ab, sondern davon, was wir darüber denken und sagen. **Florence Scovel Shinn** erklärt in diesem Buch, wie wir unsere Welt mit Gedanken und Worten gestalten, und liefert Affirmationen für alle Lebenslagen.

Aus dem Englischen von Günter W. Kienitz
Softcover: ISBN 978-3-7431-0120-3
E-Book: ISBN 978-3-7431-7055-1

Die verborgene Tür zum Erfolg

Mit unserem Denken gestalten wir die Welt. Aber wie denkt man, um ein erfolgreiches Leben zu führen?

Das hat **Florence Scovel Shinn** Erfolgssuchenden in einer Vortragsreihe vermittelt. Den Inhalt der Vorträge hat sie in diesem Buch zusammengefasst.

Aus dem Englischen von Günter W. Kienitz
Softcover: ISBN 978-3-7412-2291-7
E-Book: ISBN 978-3-7412-7833-4

Gestalte die Welt mit Deinem Wort

Drei Klassiker von **Florence Scovel Shinn** in einem Band:

- **Das Lebensspiel und wie man es spielt**
- **Dein Wort hat Macht und Magie**
- **Die verborgene Tür zum Erfolg**

ungekürzt und in aktueller Übersetzung von Günter W. Kienitz

Softcover: ISBN 978-3-7431-2863-7
E-Book: ISBN 978-3-7431-8664-4

Gelegenheiten ohne Ende

Orison Swett Marden, der im Alter von acht Jahren Waise und anschließend in Pflegefamilien groß wurde, hat in seinem Leben viele Gelegenheiten gesehen, ergriffen und sehr erfolgreich genutzt. Dabei kam er zu der festen Überzeugung, dass es jedem jederzeit möglich ist, Gelegenheiten zu entdecken und beim Schopf zu packen.

Orison Swett Marden: The Man and the Opportunity (aus: Pushing to the Front) - Übersetzung von Günter W. Kienitz

E-Book: ISBN 978-3-7448-6401-5

POSITIVE STATEMENTS

Scannen &
Shoppen

POSITIVE STATEMENTS
shop.spreadshirt.de/positive-statements